AF260127

LETTRE

A M. *** HENNEQUIN

SUR LA PHILOSOPHIE,

DANS SES RAPPORTS

AVEC NOTRE GOUVERNEMENT.

Paucis.

Par PIERRE GRANIÉ, Jurisconsulte.

A PARIS.

Chez
{
DESENNE, Palais du Tribunat, n°. 2.
POUGENS, Quai Voltaire, n°. 10.
LE NORMAND, rue des Prêtres-Saint-Germain-l'Auxerrois, vis-à-vis l'Eglise.
}

An XI. — Novembre 1802.

LETTRE

A M. * * *,

SUR LA PHILOSOPHIE,

Dans ses Rapports avec notre Gou-
vernement.

Vous partagez, Monsieur, l'admiration de
l'Europe éclairée. Le sang des hommes ne
coule plus, et vous avez béni la main qui, en
déposant l'épée de la victoire, a signé la paix
du monde et le repos des Français ; mais ce qui
se passe dans l'intérieur de notre république,
n'obtient point votre suffrage, et vous cause
une surprise que vous ne pouvez plus dissi-
muler.

Vous craignez que le flambeau de la philosophie, qui, selon vous, dans aucun âge du monde,
n'a jeté un aussi grand éclat , ne s'éteigne
dans les conceptions d'une politique mal entendue, et dans les nouvelles ténèbres du fanatisme et de la superstition.

A 2

Je peux, dans un moment de loisir, m'entretenir avec vous sur ces matières, qui ne sont point étrangères à mes études et à ma profession. J'ai observé avec soin tout ce qui s'est passé au milieu de nous depuis les premiers jours de notre révolution, et j'ai réfléchi sur les écrits et sur les événemens qui l'ont précédée. Si vous jugez que je parle le langage de la raison ; si vous jugez que ce langage puisse, dans le moment actuel, être entendu avec fruit par d'autres que par vous ; je publie ma lettre, je la signe, et j'avoue ce que j'écris.

J'aime, comme vous, la philosophie ; les livres des grands écrivains qui ont illustré notre siècle, me sont familiers, et si je n'ai pu connoître personnellement Montesquieu, J.-J. Rousseau, Voltaire, au moins j'ai compté plusieurs de leurs successeurs et de leurs disciples au nombre de mes plus sincères et plus vertueux amis.

Les cris calomnieux des ennemis de ces apôtres de l'humanité et des lumières qui doivent éclairer l'ordre social, n'inspirent que le dégoût ; et ces déclamations prétendues religieuses produisent une admiration plus profonde pour leurs talens et pour leurs vertus. Ceux même qui ont exagéré la liberté de l'homme et du citoyen, qui, égarés par une indignation légitime contre les mauvais gouvernemens et les insultes faites au genre humain, ont dépassé les bornes d'une politique sage et possible ; ceux-là même n'ont eu que de bonnes intentions, et les gouvernans et les rois doivent profiter des grandes vérités consignées dans leurs écrits.

Il est donc du devoir d'un homme raisonnable de bien fixer son esprit sur ces matières importantes, et de bien poser la question.

La philosophie, s'écrie-t-on avec confiance, a tout perdu au milieu de nous ; elle a brisé le frein de la religion et celui de l'obéissance politique.

La philosophie n'a rien fait de tout cela. Si quelques écrivains célèbres revenoient au monde, ils seroient bien surpris du langage qu'on leur prête, et de l'interprétation qu'on donne à leurs écrits.

Mais si des factieux, des meurtriers et des voleurs ont cité à tort et à travers des phrases détachées de ces écrivains, qu'ils dénaturoient et qu'ils étoient hors d'état de comprendre ; si de ces livres de lumière, ils ont fait des torches d'incendie et de destruction; et même, si quel-

A 3

ques cosmopolites vertueux, mais exaltés (1), qui ont plus vécu avec les livres qu'avec les hommes, ont été obligés par leurs systêmes et par les circonstances, de ménager ces factieux, ces meurtriers et ces voleurs, et incorrigibles après dix ans d'expérience, fourniroient demain les moyens de redresser ces échafauds où ils seroient eux-mêmes immolés.

S'en suit-il qu'il faille renoncer aux leçons de la sagesse et aux méditations des grands esprits ?

Si après la lutte longue et pénible contre la royauté, tout ce qui a été fait, a été l'ouvrage de la fureur ou de l'incapacité; si dix années d'essais désastreux, de violence, d'exil et de mort, ont prouvé l'impossibilité de donner à la corruption enracinée (2) de nos grandes

---

(1) Plusieurs de ces hommes se sont éloignés de leurs parens et des amis de toute leur vie, pour accueillir des étrangers qui les flattoient d'un bouleversement prochain dans leur pays. La plupart n'étoient que des misérables et des fripons, qui se souciant fort peu de leurs principes, n'en vouloient qu'à leur protection momentanément lucrative, ou à leur argent.

(2) Un grand peuple vieilli au milieu des mœurs et des institutions véritablement monarchiques,

villes, les institutions d'Athènes et de Rome, dans les beaux jours de leur liberté: devra-t-on caractériser d'attentat contre la philosophie et contre la raison, tout retour à l'ordre, com-

---

ne peut pas passer à un gouvernement populaire bien ordonné. L'histoire n'en offre aucun exemple. On citera peut-être la ville de Rome, qui cessa d'être gouvernée par des rois du temps de Tarquin, et commença par Brutus à l'être par des consuls : outre les raisons tirées du peu d'étendue de son territoire, il y en a de particulières, qui prouvent que son gouvernement ne fut pas, à l'époque de ce changement, populaire, mais aristocratique. On sait que le patriciat fut conservé. Le gouvernement aristocratique est le moins sensé et le plus dur des gouvernemens. Aussi les peuples qui n'ont pas toujours une retraite assurée sur le Mont-Sacré, doivent, pour leur bonheur, préférer la monarchie, et éviter un pareil changement. Il seroit facile de prouver qu'il n'a rien existé de populaire depuis la révolution, et que nous avons été soumis aux plus absurdes des aristocraties, à celle de la convention, à celle du comité de salut public, et à celle du directoire exécutif. Le gouvernement démocratique ne commença à Rome qu'à l'établissement des tribuns. Cela est très-bien développé dans une note du chapitre dixième du *Contrat social* de J.-J. Rousseau.

A 4

mandé par la situation intérieure des choses, par la position des affaires et des intérêts des grandes nations de l'Europe, par la nécessité de mettre fin à ces systêmes spéculatifs, bons pour détruire, vains et inefficaces pour réédifier.

Parcourons rapidement, Monsieur, les tems qui ont précédé, nous en viendrons ensuite au moment de la destruction de notre ancien édifice social et à nos architectes nouveaux. Vous sentez que dans cette Lettre, je peux seulement vous mettre sur la voie; vous devrez vous instruire plus profondément et dans les livres et dans les conversations des hommes qui n'ont point paru sur ce théâtre mouvant, et qui, au milieu de tout ceci, ont conservé l'indépendance de leurs pensées et leur liberté.

Aux beaux jours de Louis le Grand, avoit succédé, dans l'intérieur de sa cour, et par suite de son royaume, une politique étroite, dictée par une dévotion minutieuse, et par quelques prêtres qui abusèrent de sa vieillesse et de ses malheurs.

Ce fut alors que l'Europe étonnée, vit paroître cet édit révocateur de celui de Nantes, ouvrage du meilleur des rois, de ce sage et profond politique Henri, qui dut son trône, autant

à sa bonté , qu'à son habileté et à son courage.

Ce fut alors qu'on vit se réfugier dans les
pays voisins une foule innombrable de Français, qui y portèrent leur industrie et leurs
trésors. On avoit éteint dans leur cœur l'amour
du prince, qui doit toujours se fondre avec
celui de la patrie et des lois. Cette puissance
sacerdotale et sourde avoit répandu sur toute
la France un voile de tristesse qui décourageoit
tous les esprits, voile qui seroit devenu plus
épais encore, sans les sages modifications
qu'apportèrent à ces mesures désastreuses les
esprits éclairés qui remplissoient encore le conseil du roi (3).

A ce tems succéda celui de la régence, tems de
licence et d'immoralité. La création d'un papier-
ayant cours de monnoie (4), acheva de bannir

____

(3) La révocation de l'édit de Nantes eut lieu
dans le mois d'octobre 1685, et l'année suivante
(1686) un édit du conseil permit aux étrangers,
de toute religion de commercer en France, d'y former des établissemens et de se marier Il leur donna
de plus la faculté de se retirer avec leurs richesses,
à leur volonté.

(4) Le fléau le plus horrible qui puisse affliger
une nation, est sans doute le papier-monnaie. Une

toute délicatesse. Le bouleversement de toutes
les fortunes qui en fut la suite, redoubla cette

---

démoralisation presque générale devient une
suite inévitable de sa création et de la nécessité
de le recevoir. Il établit dans les transactions un
état de violence et de mauvaise foi qui désunit
toutes les familles et qui rompt tous les liens de
l'amitié. Les malheurs qu'ont causés les assignats,
les haines dont ils ont été la source, et qui ne s'étein-
dront qu'avec cette génération, me dispensent
d'entrer à ce sujet dans de plus grands détails.

Tout papier-monnaie engendre infailliblement
la famine ; M. Dupont de Nemours fut poursuivi
par une populace irritée, qui vouloit le noyer dans
le bassin des tuileries, pour avoir dit, au moment
de la création des assignats, que le pain vaudroit
douze sols la livre. On l'a payé cent francs et au-
delà.

M. l'abbé Maury monta à la tribune, agitant un
billet de la banque de Law : *Le voilà,* s'écria-t-il,
ce papier qui a fait répandre tant de larmes à vos pères.
Celui que vous allez créer en fera couler de plus abon-
dantes et de plus amères. . . . On se mit à jaser

> Aussi confusément
> Que faisoient les Troyens, quand la pauvre Cassandre
> Ouvroit la bouche seulement.

Voici ce que Voltaire écrivoit à M. de Genon-
ville, dans le temps du système de Law : «Je n'en-

licence et cette immoralité. Les richesses se trouvèrent placées dans des mains qui en abusèrent, et leur emploi ne fut plus dirigé par le rang et par l'éducation qui, en se respectant, écartent l'envie et commandent le respect.

Les querelles sur le jansénisme avoient troublé le royaume ; on jeta sur ces disputes sacrées un ridicule qui manque rarement son effet au milieu de nous ; on attaqua la religion et ses ministres, et depuis cette époque jusqu'à nos jours, nous avons été inondés d'un déluge d'écrits, remplis de sarcasmes faciles, dans tous les temps et dans tous les pays, contre tous les prêtres et contre toutes les religions.

C'est ainsi que dans Athènes il eût été facile d'attaquer les divinités sur lesquelles Aristide appuyoit ses vertus, et qu'invoquoit Démosthènes dans cette tribune où il tonnoit contre un roi destructeur de la liberté de son pays.

» tends parler que de millions : on dit que tout ce
» qui étoit à son aise, est dans la misère, et que
» tout ce qui étoit dans la mendicité nage dans
» l'opulence. Est-ce une réalité ? Est-ce une chi-
» mère ? Êtes-vous réellement devenus tous fous à
» Paris ? La moitié de la nation a-t-elle trouvé la
» pierre philosophale dans les moulins à papier ?
» Law est-il un dieu, un fripon ou un charlatan ? »

C'est ainsi qu'à Rome il eût été facile d'in-sulter à des Dieux auxquels, dans des jours de triomphe et de gloire, alloient rendre des ac-tions de grâce, Caton, le plus grand des hommes ; Cicéron, prêtre et consul ; le sénat et tout le peuple romain, vainqueur du monde, et son do-minateur.

Ces diatribes faciles sur la religion et sur les prêtres, quand elles ne portent que sur le fond des dogmes reçus, et non pas sur les abus qu'y ont introduits ses ministres , sont indignes de fixer un seul instant l'attention d'un homme sensé.

Ces railleries froides et communes annoncent le vide de l'esprit, et très-souvent la déprava-tion du cœur.

S'il faut une religion aux hommes réunis en société ; si les lois politiques et civiles ne sont bien garanties que par ce rapport intérieur de l'homme à Dieu : taisez-vous hommes follement audacieux, laissez ce mieux idéal qui tour-mente et qui détruit ; ne troublez point, par des cris de confusion et de révolte, les sacrifices faits au capitole, à Jupiter olympien ; à Mi-nerve, protectrice des Athéniens ; respectez surtout la loi de l'Évangile, si consolante et si

douce, et qu'au lieu de détruire, il faut rappeler
à sa première simplicité (5).

Écartons donc ces écrits, monumens frivoles

---

(5) Voltaire a été blâmé avec justice par les
amis de l'ordre social et par de grands magistrats
d'avoir tourné en ridicule le culte dominant, dans
des pamphlets et dans des vers licencieux. Le
chancelier d'Aguesseau, l'a souvent menacé de
toute la sévérité des lois. Après les beaux ouvrages de poésie qui l'ont immortalisé , que
ne se bornoit - il sur ces matières à son Traité
de la Tolérance , qui doit être le catéchisme du
genre humain, et à son Essai sur les Mœurs et
l'Esprit des Nations , ouvrage où la raison la plus
éclairée est embellie de tous les charmes de l'esprit et du talent ?

Le même reproche peut être adressé à Diderot
et à quelques autres écrivains de mérite , qui n'a-
voient pas besoin de ces foibles et faciles moyens
d'illustration ; mais Montesquieu, J. J. Rousseau ,
Thomas, d'Alembert , M. de la Harpe , dans les
jours de sa gloire et de ses talens , et plusieurs autres n'ont jamais donné dans de semblables écarts.
S'ils ont attaqués les abus de la religion et ses ministres, c'est dans des écrits graves, moins faits pour
le peuple que pour les hommes qui, par leur edu-
cation et par leur mérite , doivent le diriger.

de la licence de l'esprit, et trop souvent de cellé des mœurs, et voyons quels sont et les hommes et les livres qui, dans le siècle précédent ont donné aux esprits cette impulsion philosophique, qui les a portés à examiner les bases de l'édifice social, les droits des hommes et les devoirs de ceux que la fortune condamne à les gouverner.

Pendant le règne de Louis XIV, au milieu de ces hommes illustres qui, dans la poésie et dans l'éloquence, nous ont laissé des monumens rivaux de ceux qu'élevèrent jadis la Grèce et Rome, dans leurs plus beaux jours, parut d'Aguesseau. Ce magistrat dont le nom rappelle toutes les sciences et toutes les vertus, ami de Boileau et de Racine, avoit entendu Bossuet dans sa chaire, avoit conversé avec Arnaud et avec Pascal; il avoit vu se développer l'esprit noblement hardi de la philosophie dans plusieurs ouvrages, et surtout dans l'Essai sur les Mœurs et l'Esprit des Nations de Voltaire, ainsi que dans tous les livres de Montesquieu(6).

Il est curieux de suivre ce grand homme dans la longue et noble carrière qu'il a par-

----

(6) D'Aguesseau naquit en 1668, et mourut en 1751.

courue. Jeune encore et procureur - général
du parlement de Paris, il fit bénir l'autorité
que son roi lui avoit confiée. Les réglemens les
plus utiles et relatifs à la distribution de la justice civile et criminelle, illustrèrent sa magistrature, dans laquelle il se montra constam-
ment l'ami du peuple qu'il consoloit et qu'il
aidoit même dans ses besoins (7).

Il étoit citoyen et magistrat ; il devoit donc
être et il étoit chrétien dans un pays catholique ; mais les libertés de l'église gallicane
n'eurent jamais de défenseur plus éclairé. L'autorité de Louis XIV et celle du chancelier,
qui lui demandoient un réquisitoire en faveur
de la bulle *unigenitus*, ne purent le lui arra-

------

(7) L'occupation la plus importante pour son
esprit et la plus douce pour son cœur, étoit l'administration des hôpitaux. Il visitoit souvent ces
asiles de la pauvreté et de la misère : tout autre
soin cédoit à celui de veiller à leur fortune et à
leur salubrité. On peut voir, dans les mémoires du
tems, quels furent ses soins paternels pendant l'hi-
ver rigoureux de 1709. Il employa toute la puissance du parlement et la sienne à rendre vaines les
spéculations de l'avarice, qui calculoit sur la misère du peuple et sur ses besoins.

cher : il regardoit cette bulle comme attenta-
toire à ces mêmes libertés.

Magistrat privé, il fit tout le bien possible à
une autorité circonscrite ; magistrat suprême ,
il fut l'homme du peuple et celui du roi. Dans
une monarchie bien réglée, l'homme du peuple
et l'homme du roi est le véritable homme de
bien. Il arrête le bras trop puissant de l'un , il
protege la foiblesse de l'autre contre les auto-
rités intermédiaires , utiles sans doute ,
mais souvent aussi fatales au monarque qu'à
ses sujets.

Tel fut d'Aguesseau. Nommé chancelier de
France par le régent, il s'opposa, dans le conseil , au système de Law, qui fut la source de
tant de calamités. Lorsque l'ambition et l'aveuglement livrèrent la France à cet étranger , on
écarta l'homme sage, qui ne voyoit que des
maux , tandis que d'autres, pour leur ruine ,
ne virent, dans leurs folles illusions, que des
trésors qui ne devoient plus tarir.

D'Aguesseau sentoit que le vrai magistrat
doit être libre dans le palais des rois : s'il y est
esclave, sa servitude n'en est que plus écla-
tante , et il n'en est que plus digne du mépris
de ses contemporains et de la postérité. Si, une
fois seulement, il y parloit contre sa conscience,

seroit plus digne d'être écouté. Il doit respecter la puissance suprême; mais il doit se retirer, et laisser faire à d'autres ce qui répugne à la délicatesse de son ame et aux lumières de son esprit. C'est ainsi que sans orgueil et sans bassesse, il se ménage le bonheur d'être encore utile à son pays, lorsque l'aveuglement a un terme, et lorsque les passions cessent de fermenter.

C'est ainsi que d'Aguesseau, tour à tour porteur des sceaux de France ou exilé dans ses terres, rappelé pour exercer la première magistrature, revint toujours avec un pouvoir plus grand de bien faire et d'être utile à son prince et à ses concitoyens.

Ce que je dis ici de d'Aguesseau, Monsieur, n'est point étranger au sujet que je traite en vous écrivant. En effet, plus je réfléchis sur l'époque qui suivit celle où, sous Louis XIV, éclatèrent tant de grands talens, plus je suis convaincu que cet illustre magistrat a eu dans notre siècle une influence sage et philosophique qui a agi sur tous les bons esprits. Cela se voit dans ses études, dans ses discours et dans ses actions. Son érudition étoit immense; il possédoit presque toutes les langues connues, et il appliquoit ces vastes connoissances avec tout le charme des belles-lettres, et toute la force dont pouvoit jouir le premier magistrat d'un royaume, sans véritable pouvoir intermédiaire entre le monarque et le peuple, et surtout d'un royaume soumis à la féodalité.

Voyez ses belles ordonnances faites pour honorer toutes les législations; voyez ses discours. Réfléchissez surtout au grand et noble projet qu'il avoit conçu de donner à la France, soumise au même monarque, les mêmes ré-glemens et les mêmes lois. Il vouloit faire dis-paroître sous l'uniformité de la législation, toutes ces coutumes divergentes, établies dans des temps de troubles, et qui toutes avoient leur racine dans la féodalité, si contraire à tout ordre et à toute raison (8). Que dis-je! il est

____

(8) Un roi et deux chanceliers ont voulu établir parmi nous cette uniformité de législation. Louis XI, le chancelier de l'Hôpital et le chancelier d'Aguesseau. Louis XI, méchant homme, mais roi grand et habile, eût pu, s'il eût vécu davantage, et par la puissance royale bien prononcée, faire jouir son peuple d'un si grand bienfait Les deux autres n'ayant qu'une puissance réfléchie et sans cesse contrariée, furent obligés d'y renoncer.

facile de voir qu'il eût détruit avec joie la féodalité elle-même ; mais les rois et leurs sages
ministres ne peuvent pas toujours opérer le
bien dont l'idée fait le charme de leur cœur et
de leur esprit. D'Aguesseau ne put exécuter
cette grande conception. L'orage qui a rasé
l'édifice pouvoit seul faciliter et rendre nécessaire l'entière reconstruction. Heureux ceux

---

L'histoire de Louis XI est bien curieuse. Ce roi
étoit atroce sans doute ; mais il étoit tyran des tyrans de son peuple, qui dans leurs prétentions féo-
dales, avoient dans leurs châteaux forts, des pri-
sons, des oubliettes et des bourreaux. La position
de la nation étoit telle, que la cruauté de ce prince
garantissoit les cultivateurs de l'esclavage ou de la
mort. Voici comment Voltaire en parle :

« Faut-il, pour humilier et confondre la vertu,
» qu'il ait mérité d'être regardé comme un grand
» roi, lui qu'on peint comme un fils dénaturé, un
» frère barbare, un voisin perfide ! . . . . Il avoit
» du courage, il savoit donner en roi ; il connoi,-
» soit les hommes et les affaires. Il vouloit que la
» justice fût rendue, et qu'au moins lui seul pût
» être injuste. . . . . C'est à lui que le peuple doit
» le premier abaissement des grands. »

La vie de Louis XI avoit été écrite par Montesquieu. Ce manuscrit a été brûlé : quel perte
pour les peuples et pour les rois !

qui sont appelés à bâtir sur ce terrain libre, et
désormais dégagé de toute flétrissure ! On attend d'eux l'ouvrage préparé par d'Aguesseau,
par la philosophie et par la raison.

Il est donc vrai de dire que d'Aguesseau avoit
devancé par ses actions et par ses écrits, les
ouvrages qui ont répandu parmi nous l'amour
et le goût de la vraie philosophie, qui s'applique aux institutions civiles et au gouvernement ; tels que l'Essai sur les Mœurs et l'Esprit des Nations, le Traité sur la Tolérance, le
Discours sur l'Origine et les Fondemens de
l'Inégalité parmi les Hommes, Emile, et surtout l'Esprit des Lois.

Ce n'est point ici le lieu d'analyser les ouvrages que je viens de nommer. Ils vous sont.
familiers sans doute. Ils sont tous remplis des
plus belles maximes qui puissent honorer et
agrandir l'esprit humain. Ils respirent l'amour
de l'ordre social le mieux entendu ; partout ils
prêchent le respect dû aux lois, et aux chefs
légitimes qui en sont les organes.

Ces écrivains, et ceux qui dans des ouvrages
moins importans ont développé les mêmes
principes, doivent seuls frapper l'attention des
bons esprits. Il existe, j'en conviens, une foule
d'ouvrages destructeurs de toute morale et de

tout gouvernement. Mais qu'en résulte-t-il ?
Faut-il renoncer à toute législation, parce que
des esprits exaltés ou des factieux flétrissent
momentanément et à certaines époques, toute
justice, par de ridicules et d'impraticables institutions ?

Faut - il renoncer à tout remède bienfai-
sant et salutaire, parce que des empiriques
usent de la même science, pour envenimer les
plaies et pour accélérer la mort.

Lorsque ces grands esprits eurent remué
toutes les idées libérales, en appelant sur les
vices religieux, politiques et civils, le remède
et non la destruction, une foule d'écrivains,
semblables à ces vers qui pénètrent dans les
fruits pour les corrompre, inonda la France
d'un déluge d'écrits impurs, dans lesquels la
licence des mœurs et de l'esprit ne connut aucune borne et ne reçut aucun frein.

Ces livres, il faut en convenir, produisirent
en France de funestes effets. Outre les liens de
la religion, qu'ils relâchèrent dans les classes
inférieures du peuple, ce qui est un grand mal,
ils accoutumèrent ces mêmes classes sans éducation, sans lettres, et ce qui est plus dangereux, sans propriété, à fronder l'autorité civile
dont elles ne pouvoient connoître ni la nature,
ni les devoirs.   B 3

Cette effervescence d'une philosophie mal entendue et mal appliquée, fut pendant quelques années, de mode, même dans ce monde choisi, qui avoit la prétention exclusive de la politesse dans les manières et dans les discours; mais cela ne pouvoit durer, et cela ne dura pas en effet.

Des hommes du monde, des hommes de lettres, dans un langage vif et ingénieux, attaquoient les rois et les prêtres; ils décochoient contr'eux de ces épigrammes auxquelles l'esprit sourit et dont le trait rapide perce avant que la raison ait eu le temps d'y opposer son bouclier. Ces conversations piquantes, et souvent très-instructives, parcé qu'elles donnoient beaucoup à penser, ne pouvoient produire aucun mauvais effet. Leur sel attique étoit même très-utile pour garantir le gouvernement d'une plus profonde corruption.

Mais bientôt le grossier troupeau des imitateurs crut que le sceptre des rois et la triple couronne du pape devoient être les objets exclusifs de leurs conversations. Ces déclamateurs éternels ne tardèrent pas à devenir fatigans et insipides; car cette manière de se montrer philosophe, n'exigeoit ni connoissances politiques, ni expérience des affaires, ni bon sens, ni esprit. Les gens habiles et éclairés se turent, et se tinrent à l'écart, pour ne parler qu'aux sages dans leurs discours ou dans leurs écrits hors de la portée du vulgaire et hors de ses goûts. Semblables aux rossignols que le bruit assourdissant des marais fatigue, et qui se réfugient dans des lieux solitaires, où il faut les suivre pour jouir de leurs doux con-certs; dès qu'il ne resta plus que des grenouilles, on ferma l'oreille à leur croassement importun.

Il est certain que quelques années avant la mort de Voltaire, cet éternel babil sur la politique et sur la religion étoit devenu si fati-gant, qu'il étoit, pour me servir d'une ex-pression reçue, du plus mauvais ton de provo-quer dans le monde sur ces matières, les dis-cours et les opinions.

J'invoque ici le témoignage de ceux qui ont vécu à Paris à cette époque. La lassitude étoit extrême à cet égard. Inutilement Voltaire en-voyoit de Ferney des pamphlets piquans et in-génieux contre le culte et contre les magis-trats. Ses amis y applaudissoient par complai-sance; mais les gens sages le blâmoient haute-ment, et il le savoit si bien, qu'il désavouoit toujours ces productions sans but, ainsi que sans utilité. Ces libelles, car on ne peut les qualifier autrement, auroient terni sa gloire, si le laurier qu'il a mérité comme grand poëte et comme vrai philosophe, dans ses bons écrits, pouvoit jamais se flétrir.

D'Alembert lui-même étoit convaincu de l'abus que certains esprits faisoient de la philosophie, en oubliant qu'elle ne doit être autre chose que la sagesse mise en action d'une manière convenable et possible, relativement aux temps et aux lieux. D'Alembert, plus propre que Voltaire à adapter la vraie philosophie aux hommes et aux affaires, parce qu'il n'avoit ni son enthousiasme, ni ses passions, lui écrit au commencement de 1778 : « Le roi de Prusse » n'a pas pardonné à la philosophie le *Systéme* » *de la Nature*, dont l'auteur en effet a fait » une très-grande sottise de réunir contre la » philosophie les princes et les prêtres, en » leur persuadant, très-mal à propos, selon » moi, qu'ils font bourse et cause commune.

Ce passage est plein de sens et de raison. Cet écrivain sentoit très-bien que jusqu'à l'établissement d'une république légale, réelle, et non tyrannique, vexatoire et imaginaire, les chefs des nations sont une nécessité sociale, dont les prêtres sont une émanation, que ces mêmes chefs doivent modifier et régler conformément à l'intérêt général de la société.

Je ne dois pas taire que plusieurs ouvrages infectés des principes de l'athéisme, parurent à cette époque, et excitèrent la juste indignation du gouvernement et des magistrats. Le Système de la Nature dont parle M. d'Alembert dans la lettre que je viens de citer, est de ce nombre; mais il faut convenir que ces livres, à la portée d'un très-petit nombre d'esprits, ne produisent point un effet universellement dangereux.

La théorie abstraite de l'athéisme ne fera jamais de grands progrès. Produit par l'abus de l'étude et de la méditation, il sera éternellement le partage de quelques penseurs étrangers aux affaires et aux gouvernemens. Leur éducation ou leurs richesses sont pour l'ordinaire de sûrs garans de leur sagesse et de leur probité. Lucrèce, Spinosa, et de nos jours, le baron d'Holbac et les hommes de mérite qui se réunissoient chez lui, étoient des particuliers paisibles, plus occupés des belles-lettres, des beaux-arts et des conceptions de leur esprit, que des affaires et de ceux qui sont chargés de les diriger.

Ces prédicateurs d'athéisme ont eu et auront

dans tous les temps un auditoire très-ciscons-
crit. Les hommes injustement frappés ou flétris
par la force et par la puissance, ou dévorés par
les tourmens de leur cœur, ne chercheront
point leur consolation dans ces stériles préceptes et dans le néant qu'on présente pour
but et pour dernier résultat.

Si l'auteur des choses et des hommes n'a
pas voulu nous donner une preuve mathéma-
tique de son existence, cette preuve existe dans
ses œuvres, dans le besoin de prolonger notre
existence au-delà du moment rapide où nous
vivons, dans cette source de toute espérance et
de toute grandeur, placée au milieu du cœur
humain, et que les plus subtils raisonnemens
ne tarissent jamais. Cette preuve existe surtout
dans les belles pages écrites par J.-J. Rousseau,
dans la Profession de Foi du Vicaire savoyard,
ouvrage sublime, le plus beau et le plus conso-
lant peut-être qui soit sorti de la main des
hommes, sur cette question, la plus importante de toutes, lorsque notre esprit inquiet
en cherche la solution (9).

---

(9) On sent que ce qui précède auroit besoin
de plus grands développemens ; mais dans une
lettre rapidement écrite, on ne peut tout dire, et
il faut se borner.

De tout ce que je viens de dire, il résulte une vérité qui frappera tous les hommes qui trouvent dans les événemens et dans les livres le noble exercice de leur raison. Sans la convocation des états-généraux, jamais les maximes erronées renfermées dans les livres dont nous venons de parler, n'auroient occasionné la moindre agitation dans l'Etat. L'excès du mal et la nécessité eussent amené un Louis XI ou un cardinal de Richelieu. Les véritables grands n'eussent pas été frappés ; il n'eût été question que de renfermer les parlemens dans les bornes légales de leur juridiction, et de détruire cette noblesse subalterne, devenue, par la vénalité des charges, aussi nombreuse que les sauterelles qui jadis flétrirent et dévorèrent la substance des terres les plus fertiles de l'univers.

On impute donc à la philosophie, des maux qui ne sont pas son ouvrage. C'est l'administration intérieure du royaume, ce sont les vices qui l'infectoient au moment de la convocation des états-généraux, qui donnèrent lieu à ce mouvement général, dont le roi ne sut pas profiter. Il falloit tout faire par le roi et rien par le peuple. On voulut corriger tous les abus par la force du peuple ; mais le peuple ne corrige rien , il détruit tout.

Si Louis XVI avoit eu l'énergie qui lui convenoit, la convocation des états-généraux, crise toujours dangereuse, n'eût même pas été nécessaire. Il pouvoit tout faire par sa puissance, et la puissance royale est bien forte quand elle agit contre quelques individus pour le bonheur de tous. Mais ce roi écouta M. Necker, et exila M. Turgot.

Voyons ce qui se passa au commencement de ce règne, jusqu'à l'ouverture à Versailles des états-généraux. Vous jugerez par-là quels étoient les maux et quels pouvoient être les remèdes.

Louis XVI succéda à son ayeul, et en montant sur le trône, il appela auprès de lui M, le comte de Maurepas, depuis long-temps éloigné de la cour par une femme (10), et pour des chansons. Les rênes de l'Etat furent confiées à ce vieillard enfant, qui suivoit le précepte d'Horace, et qui ne mettoit d'importance à rien. Ce caractère peut être utile à un particulier, et contribuer à son bonheur. Il fait

____

(11) Madame la marquise de Pompadour, maîtresse du roi.

pitié dans celui qui ose se charger de commander aux hommes et de les gouverner (11).

Les principaux membres de la magistrature du royaume avoient été exilés par Louis XV et par le chancelier de Maupou. Rappelés par le nouveau roi et par son ministre, ils sortirent triomphans des lieux de leur exil; mais plus jaloux de leurs prérogatives que du bonheur général de la nation, ils résistèrent bientôt aux projets les plus sages, et dont l'exécution auroit seule prévenu leur ruine et celle de l'Etat. Tant que la mémoire de ces corps puissans ne sera pas anéantie, les amis de l'humanité se rappelleront toujours avec effroi les dégoûts dont ils abreuvèrent un sage , qui voyant à un jeune monarque la puissance de Marc-Aurèle, vouloit faire parvenir son nom à la postérité,

---

(11) Je copie ici quelques pages de l'Introduction à l'Histoire de l'Assemblée constituante, que je publiai au commencement de l'an cinq. Elles conviennent au sujet que je traite; elles expriment ce que je veux dire, et je n'ai pas le tems de faire une autre version. A l'époque où je publiois cette histoire, ceux qui me blâmèrent ou affectèrent de ne pas me comprendre, commencent à croire que je voyois mieux qu'eux dans l'avenir que nous devions attendre.

au milieu des bénédictions de toutes les races
futures.

M. Turgot vouloit, par des moyens faciles et
doux, détruire les corvées, la gabelle et les
droits féodaux. Les temples de la justice re-
tentirent de discours captieux, d'après lesquels
il fut arrêté que l'Etat ne pouvoit subsister sans
les corvées, la gabelle et les droits féodaux ;
et que sans ces institutions, la monarchie
crouleroit par ses fondemens. Ce ministre bien-
faisant fut écarté par les intrigues d'un homme
enrichi par l'exercice d'une profession contraire aux méditations et aux profondes études
qu'exige l'art de gouverner ; par un banquier
de Genève, également étranger à nos mœurs,
à nos coutumes et à nos lois.

M. Turgot fut donc déplacé par M. Necker.
Que dirai-je de sa première administration ?
Ce n'est pas par le faste de ses écrits que vous
devez en juger. Il fournit aux frais d'une guerre
dispendieuse, cela est vrai ; mais par quels
moyens ? en faisant succéder sans cesse des
emprunts viagers à des emprunts viagers, à un
taux au-dessus de toute proportion. Où con-
duisent enfin ces emprunts désordonnés ? A la
banqueroute, ou à la nécessité subite d'impôts
inaccoutumés. De-là l'agitation des peuples,

les changemens d'autorité, les révolutions, **et** les malheurs qui en sont les inévitables suites.

Parlerai-je de ses projets irréfléchis contre la magistrature du royaume ; de ces caresses faites sans politique comme sans pudeur, par un enfant de Calvin, à des pontifes de l'Eglise romaine ; de ce dessein bizarre de mettre les évêques à la tête de toutes les administrations civiles des provinces? Je glisse sur ces matières, qu'il seroit peut-être utile d'approndir.

M. Necker attiroit tout à lui. Ses ennemis se réveillèrent, et ses amis qui n'aimoient en lui que sa puissance du moment, élevèrent à peine la voix. On publia ses Mémoires clandestins, dans lesquels ses nouvelles vues étoient développées. Une loi du royaume écartoit du conseil d'état ceux qui ne professoient pas la religion du prince. M. Necker crut que la religion et la politique devoient plier à sa volonté. Il demanda hautement à entrer au conseil. On exigea une abjuration préalable du calvinisme. Il refusa et offrit sa démission, qui fut acceptée.

Ne disons rien des deux ministres qui lui succédèrent (12). Ils ne furent pas remarqués.

------

(12) MM. d'Ormesson et Fleury.

Ils abandonnèrent bientôt d'eux-mêmes un fardeau qu'ils étoient incapables de porter.

M. de Calonne fut appelé, aux bruyantes acclamations de la cour brillante de joie et enivrée d'espérance. Il étoit difficile au peuple de donner son approbation à un pareil choix. Toujours vendu à la faveur et à la fortune, délateur d'un magistrat vertueux, de M. de la Chalotais, M. de Calonne eut l'audace d'être son juge et de grossir la commission spéciale qui le condamna. Il se déshonora à jamais. Les tribunaux extraordinaires ont été dans tous les temps l'opprobre des monarchies et des républiques. Ils n'offrent à l'humanité consternée que des victimes et des bourreaux (13).

M. de Calonne avoit pour l'administration des talens distingués. Sa complaisance et les grâces de son élocution charmoient les maîtres. Le trésor public toujours ouvert aux folles prodigalités de la cour, sembloit, sous sa garde, ne devoir jamais tarir. Cependant l'illusion ne fut pas longue. Le parlement opposa une résistance opiniâtre; les emprunts ne se rem-

---

(13) Le bourreau étoit parti avec les instrumens du supplice. On sait comment M. de Choiseul sauva M. de la Chalotais.

plirent

plirent pas , et il fallut avoir recours à d'autres moyens.

M. de Calonne imagina de convoquer une assemblée des notables du royaume. Elle fut composée de commandans de provinces, d'évêques, des premiers présidens et des procureurs généraux des parlemens ; et pour avoir l'air d'y appeler le tiers-état, on y admit les maires des villes ; mais c'étoit une dérision. La plupart de ces charges , depuis long-temps vénales , étoient possédées par de riches seigneurs.

Le ministre crut conduire cette assemblée, comme M. Necker se flatta depuis de conduire celle des états-généraux. Henri IV avoit aussi assemblé les notables. Il avoit besoin de leur secours, et il leur avoit dit : *Je me mets sous votre tutèle, action peu ordinaire aux barbes grises et aux victorieux.* Un seigneur lui reprochoit cette foiblesse, il lui répondit : *C'est l'épée au côté que je me livre à mes tuteurs.* Quel pupille !

Les projets de M. de Calonne se trouvent dans les écrits du temps. Il vouloit, avec une partie des biens du clergé , combler le déficit des finances; faire une répartition exacte de l'impôt, également supporté par tous les ordres, répartition qui devoit être réglée avec justice par des administrateurs de cantons. Il étoit facile de juger par la composition des notables, qu'ils se trouveroient plus ou moins blessés dans leur fortune et dans leur autorité. Louis XVI n'étoit pas ceint de l'épée d'Henri IV, et l'assemblée n'ayant pour antagoniste qu'un ministre décrié, n'eut pas de peine à précipiter sa chûte.

M. de Calonne parloit d'économie ; mais cette annonce paroissoit une moquerie, au milieu des dépenses sans bornes dont il étoit la source et le soutien. Il étoit aisé de le perdre dans l'opinion publique. Ce ministre ne put résister à ce concert de malédictions. Il se hâta de s'y soustraire, ainsi qu'à la vengeance des parlemens, qui ne dissimuloient plus leur joie, et le désir qu'ils avoient de lui faire son procès.

M. de Calonne méritoit sans doute ses malheurs ; mais il avoit des talens propres à l'administration d'un grand royaume. Il ne manquoit peut-être à ses plans que d'être présentés par une main plus pure, et soutenus par une main plus constante et plus ferme, pour former une époque célèbre dans l'histoire de notre monarchie.

Un prélat (14) qui avoit l'ambition et l'audace du cardinal de Richelieu, mais qui n'avoit
ni sa prévoyance, ni son génie, prit les affaires
dans ce tems de gêne et de confusion. Pour re-
médier aux finances , il proposa deux impôts,
l'impôt du timbre et l'impôt territorial; c'est-
à-dire, la perception de la taxe fixée , sans dis-
tinction et sans privilége à une portion des
fruits.

Les parlemens poussèrent des cris de fureur, et dans l'embarras que leur causoit cette
proposition populaire d'une distribution égale
dans les contributions , ils prononcèrent alors,
pour la première fois , le nom des états-généraux. On admireroit l'énergie romaine de
quelques-uns de ces corps , si cette impulsion
généreuse eût pu être attribuée au désir du
bonheur du peuple , et non à une émulation
particulière et à des intérêts privés.

Le parlement de Paris fut transféré à Troyes,
où la nécessité des affaires et la crainte de tout
enrayer l'obligèrent à enregistrer la proroga-
tion du troisième-vingtième.

On crut tout applanir, en mettant la puis-

---

(14) M. de Brienne , archevêque de Toulouse ,
puis de Sens, et cardinal.

sance dans une seul main , et M. de Brienne fut nommé ministre principal. L'opposition n'en devint que plus violente. En vain on promettoit les assemblées provinciales ; en vain le roi donnoit un édit, qui assuroit l'état civil des protestans. Les parlemens résistoient à tout, et poussoient le ministre à l'extrémité. Un appareil militaire fut déployé dans toute la France. Les commandans des provinces reçurent des ordres cachetés qu'ils ne devoient ouvrir qu'à telle heure , au jour fixé par le roi. On crut être au moment d'une invasion. Toutes les troupes s'ébranlèrent, les parlemens furent détruits , et des tribunaux d'une création nouvelle devoient les remplacer.

Qui le croiroit ! Tous ces grands mouvemens aboutirent à la proposition de la cour plénière; c'est-à-dire au projet le plus extravagant qu'il fût possible de concevoir. Les destins des Français devoient être pesés dans une balance qu'auroient fait pencher à leur gré les mains vénales et impures des courtisans. Le roi se privoit du plus beau droit de sa couronne, de celui dont le charme aide à en supporter le poids , du droit sacré d'être le consolateur et le père de l'universalité de ses sujets. Qu'ils sont coupables , les hommes qui osent appro-

cher des rois, pour leur donner d'aussi perfides conseils, et qui creusent ainsi l'abîme qui
va engloutir le trône et ses perfides appuis!

Le ministre poussé à bout, fit donner un
édit, qui fixoit au premier mai 1789, l'ouverture des états-généraux, et qui suspendoit en
même-temps l'établissement de la cour plénière.

Cependant rien n'alloit, et les rênes du gouvernement échappèrent bientôt à des mains
aussi inhabiles. M. de Brienne s'éloigna de lui-
même, aux acclamations de tous les Français.

M. Necker fut placé de nouveau à la tête des
affaires. Il fut tout-puissant sans concurrence;
mais son autorité fut de peu de durée. L'assemblée des états-généraux fut de nouveau
résolue et définitivement arrêtée. Cette détermination de la cour, à laquelle les parlemens ne s'étoient pas attendus, commençoit
à leur donner de sérieuses inquiétudes. Il n'y
auroit eu ni dignité, ni décence à reculer. Ils
enregistrèrent l'édit du roi, portant convocation; mais avec la restriction, que la forme
adoptée par les états-généraux tenus en 1614,
seroit seule suivie. Ce n'est pas ici le lieu de
l'expliquer. En s'en instruisant, on se con-

vaincra que c'étoit la plus favorable à leurs prétentions.

Dès-lors l'attention de tous les esprits se porta sur les formes qui seroient adoptées pour cette convocation. Les nobles, les soi-disant tels, les parlemens, les évêques, les riches abbés crurent que tout étoit perdu, si l'opinion du parlement n'étoit pas reconnue la meilleure. Ils craignoient d'affreux déchiremens, et peut-être l'entière ruine de la monarchie. Ils auroient dû ajouter de la monarchie dégradée par eux.

Le tiers-état répondoit dans des écrits répandus avec profusion : qu'assez long-temps les droits les plus sacrés du peuple avoient été violés, et qu'il étoit temps de mettre fin à tant d'injustices. Il demandoit à composer la moitié de la représentation, et le partage de l'autre moitié entre le clergé et la noblesse. Les ecclésiastiques désignés sous le nom de bas clergé, c'est-à-dire les ecclésiastiques pauvres et congruistes mêloient leurs voix à celles des réclamans. L'entêtement étoit extrême des deux côtés, et naturel dans la discussion d'un aussi grand intérêt.

On ne trouve dans notre histoire, aucune forme constante et fixe pour la convocation des états-généraux. Seulement il est prouvé qu'ils n'ont jamais eu le droit de s'assembler d'eux-mêmes, et qu'ils ne pouvoient être convoqués que par la volonté du roi. Le conseil décida que le tiers état composeroit la moitié de la représentation nationale ; et c'est dans cette proportion que les élections eurent lieu. J'ai entendu raconter à des courtisans, que le jour où cette détermination fut prise dans le conseil d'état, Louis XVI, au lieu du portrait de son ayeul, placé dans son appartement, trouva celui de Charles Ier., roi d'Angleterre, décapité à Londres, le 8 février 1649.

Tout le monde sait qu'à cette époque, la manie d'être noble ou de le paroître, étoit devenue contagieuse dans toute l'étendue du royaume. Les magistrats et les grands propriétaires auroient cru se déshonorer en grossissant les assemblées du tiers-état, et la plupart d'entr'eux ne tenoient à la noblesse que par de vaines et absurdes prétentions. Quelle prépondérance n'eussent-ils pas eue dans les assemblées, s'ils n'avoient pas dédaigné d'y paroître. Ils regardoient comme déshonorans pour eux, les conseils que leur donnoient à cet égard les personnes qui prévoyoient les futures agitations.

C 4

On vit des secrétaires du roi, n'ayant d'autre titre que la quittance toute fraîche du paiement d'une charge acquise avec un argent sordide-ment gagné, s'asseoir fièrement sur le banc des descendans de Montmorency. On vit de graves magistrats quitter leurs longues perruques, mettre sous leur bras un chapeau à plumet, et à leur côté une épée, qu'ils portoient d'un air gauche. *Risum teneatis.*

M. le comte de Mirabeau voyoit mieux et de plus loin. Il brigua les suffrages du tiers-état de Provence ; et il les obtint.

Lorsqu'un nuage sombre renferme la grêle et le tonnerre, on le considère avec effroi. Personne ne peut prévoir si quelques épis seulement seront frappés, ou si cette terre dévastée ne se couvrira qu'à la saison prochaine d'une nouvelle moisson.

Il seroit trop long, Monsieur, de remettre ici sous vos yeux les travaux et les décrets de l'assemblée constituante. Les événemens préparés et conduits par les hommes supérieurs qui figuroient dans les deux partis, sont présens à votre mémoire, et les témoignages de leurs talens ne périront point. Tous vouloient a réformation des abus qui dégradoient notre monarchie, et qui l'avoient métamorphosée en

une aristocratie féodale et parlementaire, devenue aussi insupportable au roi, qu'humiliante
pour le peuple soumis à son autorité.

M. Cazalès et M. l'abbé Maury sentoient
eux-mêmes la nécessité d'une grande réforme ;
mais ils vouloient qu'elles s'opérât par la puissance et par la volonté du roi, et non par la
fougue du peuple contre cette même volonté.
J'ai entendu l'abbé Maury se plaindre amère-
rement de la foiblesse du monarque, menacer
d'en instruire le peuple, en lui en montrant les
dangers ; puis rentrant en lui-même quand il
parloit publiquement de son roi, s'exprimer
avec le respect dû à la puissance centrale, sans
laquelle, dans notre grand pays et avec nos
mœurs, il n'y aura jamais ni sûreté, ni liberté.

Personne, à cette époque, ne désiroit un
gouvernement républicain ; personne ne le demandoit, à l'exception de M. Robespierre et
de quelques esprits de sa trempe, dont les cris
de déraison et de fureur étoient étouffés au milieu des huées de l'indignation et du mépris. Je
ne crains point d'invoquer à cet égard le témoignage des membres de cette assemblée, qui
ont échappé à la hache sanglante de nos bourreaux. J'en appelle à leur probité. J'en excepte
ceux de ces députés qui ayant pris part aux

affaires dans des tems postérieurs, seront dans l'éternelle nécessité d'envelopper de sophismes toutes leurs pensées et tous leurs discours.

Que demandoit parmi nous, depuis long-temps, la saine philosophie ; c'est-à-dire la sagesse appliquée au gouvernement monarchique, le seul que nos mœurs pussent comporter, le seul qui pût nous donner la paix , d'après notre position en Europe et nos relations avec ses gouvernemens et ses rois ?

Que demandoient les écrivains qui, dégagés des préjugés féodaux et ecclésiastiques, ne désiroient que la gloire du prince, fruit légitime du bonheur de ses sujets ? Ils demandoient avec tous les bons esprits, la destruction de la féodalité.

Une distribution des biens destinés aux frais du culte, plus conforme à la raison et même à l'esprit de l'Evangile , sur lequel notre religion doit se fonder.

L'abolition de ces lois arrachées au monarque contre ses véritables intérêts, et qui flétrissoi nt la portion la plus utile comme la plus nombreuse de ses sujets, lois qui écartoient du grade d'officier dans les armées, ceux qui n'avoient pas reçu la noblesse du hasard de la naissance, ou qui ne l'avoient pas achetée à prix d'argent.

La féodalité est détruite. Que voyez-vous
dans la conduite de notre gouvernement qui
tende à en rappeler le souvenir? La philosophie et la politique se réunissent ici pour bannir à jamais nos craintes sur le retour de ce
système désastreux. En effet, il suffit d'être
médiocrement versé dans la connoissance de
ces lois bizarres, injustes et souvent cruelles,
pour se convaincre qu'elles devoient être abo-
lies dans un état tranquille et bien organisé. Le
devoir du prince étoit de travailler sans relâche
à leur destruction, et avec toute la puissance
du glaive dont il étoit armé pour le bien de
tous.

Des lois qui pouvoient avoir quelque sens
dans leur origine, dans le temps de la puissance
des guerriers, n'en avoient aucun, lorsque
plusieurs siècles s'étoient écoulés. Il arrivoit
qu'un juif, en achetant une terre, avoit le droit
de nommer, dans les églises qui en dépen-
doient, les ministres du dieu que ses ancêtres
avoient crucifié.

Souvent on se jouoit de la bassesse et de la
patience des citoyens. On obligeoit tous les ha-
bitans d'un village à battre les étangs pour
faire taire les grenouilles pendant les couches
de la dame du lieu. Un œuf étoit porté en

grande pompe sur une charrette traînée par six chevaux des plus vigoureux de la contrée. Le chef d'une famille honorée et respectée dans le pays, par des siècles de bienfaisance et de vertu, étoit obligé de rendre hommage à genoux à l'acheteur d'une terre, fraîchement enrichi, et souvent par les moyens les plus dégradans et les plus vils. Ses armes étoient peintes dans le temple où Dieu étoit adoré, et il partageoit l'encens et les hommages qui ne sont dûs qu'à lui seul.

Pendant la discussion sur la féodalité, la lecture de l'acte d'un droit féodal agita l'assemblée, et y causa un long frémissement d'épouvante et d'indignation. Un seigneur avoit le droit, au retour de la chasse, de faire égorger deux de ses vassaux, et de se délasser, en trempant ses pieds dans leur sang écumant encore. Ce droit ne s'exerçoit plus sans doute ; mais n'eût-il été exercé qu'une fois, quelle dégradation ! et quelle horreur !

Tant de droits pesoient sur une terre, que souvent son abandon étoit la seule ressource du malheureux cultivateur. Quelquefois on percevoit dans le même champ, outre la dîme, le cinquième des fruits au profit du seigneur ; et au bout de l'année, il ne restoit au propriétaire, pour fruit de ses sueurs, que la faim et le désespoir. On répondoit qu'il avoit acheté cette terre à ces conditions. Cela est vrai ; mais l'espérance abuse toujours les hommes ; et doit-on maintenir des lois qui sans cesse en présentent une fausse aux esprits trop confians ?

Les partisans intéressés de ces abus invoquoient le droit de propriété. M. de Mirabeau leur répondit : « Si chacun de vos pères avoit
» marqué le lieu de sa sépulture, et eût or-
» donné de la respecter ; si toute la France étoit
» couverte de tombeaux, respecteriez-vous les
» volontés de vos pères, et ne remueriez-vous
» pas cette terre pour y recueillir des mois-
» sons ? »

Montesquieu dit de la féodalité, que : *c'est un événement arrivé une fois dans le monde, et qui n'arrivera peut-être jamais* (15). Il a raison. Un pays comme le nôtre, délivré de ces lois barbares, ne peut plus y être soumis de nouveau. Celui qui s'est chargé de nos destinées, et qui nous a sauvé de l'anarchie et de la destruction, ne flétrira point la terre qui lui obéit, et les mains utiles qui la cultivent pour la gloire et pour la défense de l'état.

____

(15) *Esprit des Lois*, livre 30, chap. 1er.

Vos plus vives alarmes, Monsieur, et celles des hommes qui parmi nous se donnent hardiment pour les penseurs par excellence, naissent du culte de la religion chrétienne, avoué par notre gouvernement et salarié par lui.

Voici ce que j'écrivois au commencement de l'an cinquième, dans un temps où de pareilles idées paroissoient folles à des gens qui ne pouvoient nous délivrer, ni de la guerre extérieure, ni de l'anarchie, ni des discordes civiles toujours renaissantes, et qui eussent infailliblement conduit au démembrement de l'Etat.

« Cette nécessité d'un culte public et d'une adoration commune, est sans doute reconnue par tous ceux qui se sont occupés de l'ordre intérieur des peuples réunis en société. J'entends par culte public, celui qui est professé par les magistrats, celui qu'on rend au grand Être, dans les temples ouverts, où retentissent les cantiques, et où on brûle l'encens qui s'élève vers le ciel. L'exemple de toutes les nations qui ont brillé sur la terre, autorise cette opinion. Les archontes d'Athènes et les consuls de Rome adoroient publiquement le Créateur et le Conservateur de l'Univers ; ils assistoient aux sacrifices d'onctions de grâces et d'expiations offerts par des pontifes révérés. »

» Voyez l'ancienne Grèce : le Maître de toutes

choses y étoit adoré ; les autres dieux n'en étoient qu'une émanation. Toute la Grèce rendoit hommage à la toute-puissance de Jupiter. Ce Modérateur universel reconnu, il étoit permis de peupler l'Olympe de mille autres divinités. L'imagination sensible et brillante de ce peuple, né pour les arts, anima toute la nature. La Sagesse eut ses temples : on remercioit Minerve des charmes de l'innocence et de la paix du cœur. Les passions eurent les leurs. La terrible Vénus eut des temples magnifiques, et les foibles mortels alloient aux pieds de ses autels la remercier de leurs joies, et lui demander la cessation de leurs douleurs. »

» Voyez Rome : elle a au capitole son *Jovis optimus maximus*. Elle fait la conquête du monde, et laisse à tous les peuples les dieux et les prêtres qui leur sont chers. »

» Voilà les modèles que les nations policées devroient préférer à la destruction de toute théocratie et aux préceptes hardis d'une théorie incertaine. Je crois et je dis hautement que les magistrats d'un peuple policé doivent donner l'exemple public de l'adoration de Dieu, et fixer sur cet important objet, l'incertitude de cette partie de la nation, qui ne pense point par elle même, et qui n'en a ni le temps ni la capacité. Croyez que le peuple presqu'entier suivra ses chefs dans les temples qu'ils lui ouvriront ; qu'il joindra ses prières aux leurs ; qu'il a besoin d'entendre une morale pure , et que le malheureux trouve dans cette communication intellectuelle avec Dieu , des consolations que lui refusent souvent les ingrats et insensibles objets dont il est environné. »

« C'est à la loi et au gouvernement à régler les cérémonies de ce culte , à surveiller ceux qui y président, à s'opposer à toute intolérance , fléau horrible, contre lequel les précautions ne peuvent trop se multiplier. (*) »

Celui qui vient de rendre à la France sa religion , dégagée de ses abus , et les ministres de son culte , soumis aux lois civiles, ainsi que l'universalité des citoyens , a dû être bien encouragé dans son œuvre par l'opinion des deux plus grands et plus profonds esprits que notre siècle ait produit. On conçoit que je parle de Montesquieu et de J.-J Rousseau.

Ecoutez l'auteur de l'Esprit des Lois :

« Plutarque nous dit dans la vie de Numa , » que du temps de Saturne, il n'y avoit ni » maîtres, ni esclaves. Dans nos climats , le » christianisme a ramené cet âge. » Esp. des Lois. L. 14, chap. 7.   « Dans

---

(*) Histoire de l'Assemblée constituante, liv. V.

« Dans un pays où l'on a le malheur d'avoir
» une religion que Dieu n'a pas donnée, il est
» toujours nécessaire qu'elle s'accorde avec la
» morale, parce que la religion, même fausse,
» est le meilleur garant que les hommes
» puissent avoir de la probité des hommes. »
L. 34, chap. 8.

» C'est mal raisonner contre la religion, de
» rassembler dans un grand ouvrage une longue
» énumération des maux qu'elle a produits, si
» si l'on ne fait de même celle des biens qu'elle
» a faits. Si je voulois raconter tous les maux
» qu'ont produit dans le monde, les lois civiles,
» la monarchie, le gouvernement républicain,
» je dirois des choses horribles. Quand il seroit
» inutile que les sujets eussent une religion, il
» ne le seroit pas que les princes en eussent, et
» qu'ils blanchissent d'écume le seul frein que
» ceux qui ne craignent pas les lois humaines
» puissent avoir. » L. 34., chap. 2.

Lisez tous les écrits de ce grand écrivain,
Partout il regarde la religion, bien ordonnée,
comme le fondement le plus solide de l'édifice
social. A l'aveu d'un tel homme, qui avoit si
profondément médité sur les gouvernemens de
tous les temps et de tous les lieux, opposez,
si vous en avez le courage, la garantie théo-

D

rique de quelques esprits affirmatifs et su-
perbes , qui sont toujours d'accord pour détruire , et jamais pour réédifier.

J.-J. Rousseau écrit à un jeune homme, qui se
glorifioit auprès de lui de son incrédulité. «Sur-
» tout apprenez à respecter la religion. L'hu-
» manité seule exige ce respect. Les grands,
» les riches , les heureux du siècle, seroient
» charmés qu'il n'y eût point de Dieu ; mais
» l'attente d'une autre vie console de celle-ci le
» peuple et le misérable. Quelle cruauté de leur
» ôter encore cet espoir. » (Lettre à M***,
tom. 12, p. 22, édition de Genève.

Réfléchissez , Monsieur, sur le passage que
je vais transcrire , et jugez si on a jamais parlé
avec une plus éloquente sagesse , et aux peuples
et aux chefs chargés de les diriger.

« A ne considérer , comme nous faisons, que
» l'institution humaine, si le magistrat qui a
» tout le pouvoir en main , et qui s'approprie
» tous les avantages du contrat , avoit pourtant
» le droit de renoncer à l'autorité ; à plus forte
» raison le peuple qui paie toutes les fautes des
» chefs , devroit avoir le droit de renoncer à la
» dépendance. Mais les dissentions affreuses,
» les désordres infinis qu'entraîneroit infailli-
» blement ce dangereux pouvoir, montrent

» plus que toute autre chose, combien les gou-
» vernemens humains avoient besoin d'une
» base plus solide que la seule raison , et com-
» bien il étoit nécessaire au repos public que la
» volonté divine intervînt pour donner à l'au-
» torité souveraine un caractère sacré et invio-
» lable , qui ôtât aux sujets le funeste droit d'en
» disposer. Quand la religion n'auroit fait que
» ce bien aux hommes , c'en seroit assez pour
» qu'ils dussent tous la chérir et l'adopter,
» même avec ses abus , puisqu'elle épargne en-
» core plus de sang que le fanatisme n'en fait
» couler. » (Discours sur l'origine et les fondemens de l'inégalité parmi les hommes. To. 1.
pag. 43. Edition de Genève in-4°.)

C'est , Monsieur, d'après d'aussi puissantes
considérations ; c'est d'après l'opinion des
grands écrivains , seuls dignes de poser les
bases de l'édifice social, qu'on a rendu à la
France le culte public, utile à un grand peuple,
et même indispensable à son existence et à son
repos.

Ces mêmes écrivains qui aiment la religion
chrétienne ; mais qui l'aiment dans la simplicité
primitive qui accompagnoit la touchante pré-
dication de son auteur, n'ont point dissimulé
les erreurs que le temps avoit introduites dans

la doctrine de ses ministres. Ils ont parlé avec la même franchise des abus de leur ambition.

Eh bien ! où voyez-vous la renaissance de ces erreurs et de ces abus ? Toutes les libertés de l'Eglise gallicane ont été conservées, expliquées plus clairement encore, et plus spécialement placées sous la main puissante de celui qui doit gouverner.

Depuis long-temps la philosophie et la raison demandoient qu'on ôtât aux prêtres de la religion catholique, les registres de l'état civil des citoyens. Des registres municipaux et publics sont ouverts dans toute la France, aux hommes de toutes les croyances et de toutes les religions; et la main qui inscrit, considère le père de famille soumis aux lois, et ne lui demande jamais quelles cérémonies il emploie pour l'adoration de son créateur.

La religion chrétienne catholique, et la religion chrétienne réformée sont salariées par l'Etat, et les autres religions y sont tolérées. Quelle philosophie peut avoir le droit d'en demander davantage ?

Le chef de l'Etat a donné des pasteurs spirituels au peuple confié à ses soins, et qui les lui demandoit ; mais il a distingué les deux puissances. Sur ce point important il n'a rien

confondu, et la prudence du sage brille au milieu des soins et de la prévoyance du chrétien.

J.-J. Rousseau regarde toutes les religions
comme bonnes dans les lieux où elles sont
établies, parce que, dégagées de leurs abus,
elles aboutissent toutes à la même morale et au
même Dieu.

Jamais il n'a dit qu'un grand peuple pouvoit
se passer d'un culte public et approuvé. Il a
même dit formellement le contraire, et cela se
voit dans plusieurs pages de son éloquente lettre
à M. de Beaumont, archevêque de Paris.

Montesquieu est dans les mêmes principes.
Dans tous ses ouvrages, il considère la religion
comme une des bases fondamentales de la politique et de l'ordre intérieur et civil.

Je conviens que des écrivains qui se sont ar-
rogés le titre de philosophes, ont désiré la destruction de tout culte et de toute religion ; mais
où trouvez vous ces vœux impies et anti-so-
ciaux ? Est-ce dans de grands ouvrages, où les
principes du droit politique et civil soient ap-
profondis ? Est-ce dans l'Esprit des Lois, dans
le Discours sur l'origine de l'inégalité, dans
l'Emile ? Non. Vous ne trouvez ces vagues déclamations que dans des passages qui n'ont ordinairement aucun rapport avec le sujet que

traite l'auteur. Vous ne les trouvez que dans des brochures insignifiantes ou obscènes, jeux cruels de quelques esprits souvent distingués, mais qui ne soutiennent, ni l'examen de la politique, ni celui de la raison.

Ainsi, Monsieur, vous voyez effectuer dans notre patrie les réformes appelées par les vœux les plus ardens des publicistes et des vrais philosophes qui honorent l'esprit humain. La féodalité est anéantie. Le gouvernement a fait la promesse authentique et spontanée de son absolue destruction. La religion, ce besoin de l'ame dans la très-grande majorité des hommes ; nous est rendue ; mais dégagée de toute influence politique, de son crédit terrestre et de ses dangers.

La philosophie a donc été respectée. Sa voix n'est point méconnue, ainsi que des esprits inquiets ou exaltés ne cessent de le répéter.

Les intentions de l'assemblée constituante, à laquelle un puissant régulateur a toujours manqué, sont donc remplies ; et ce n'est point en prophétisant des malheurs, qu'on fermera nos yeux à de si grands bienfaits.

On avoit fait donner au dernier de nos rois une ordonnance flétrissante pour les dix-neuf vingtièmes de ses sujets. Il falloit être noble

pour obtenir dans ses armées un grade d'officier. La même qualification étoit exigée pour
être admis dans une cour souveraine; et ce
n'étoit qu'à cette condition que les magistrats
accordoient la faculté de s'asseoir au milieu
d'eux.

Jetez les yeux dans nos armées, dans nos
ministères et dans nos tribunaux, et voyez si
les services, le courage et les talens sont écon-
duits par des considérations de ce genre. On ne
manquera pas de m'opposer ici des distinc-
tions accordées à des parens ; mais ces distinc-
tions sont naturelles et justes ; et dans aucun
pays elles ne doivent ni étonner, ni affliger.
Il est nécessaire que la famille du chef, et d'un
chef à qui on doit tant, partage la reconnois-
sance publique, et brille de sa puissance et de
son éclat.

Je vois, Monsieur, que tout s'améliore, et
que le Gouvernement tend au but qu'il doit
naturellement atteindre parmi nous. Les listes
de notabilité étoient faites pour décourager le
mérite obscur, qui veut bien qu'on l'oublie,
mais qui ne permet pas qu'on le flétrisse. Cette
aristocratie de village, remarquable par son
absurdité, a été détruite. Et qui n'a pas ap-
plaudi à cette destruction !

D 4

Soixante ou quatre-vingt personnes choisis-
soient les représentans de la nation. Bientôt,
par une pente naturelle, la représentation nationale n'eût été composée que des frères, des
neveux et des cousins de ces électeurs ainsi
concentrés. Des corps électoraux vont être
nommés : et qui vous dit qu'un jour, comme
en Angleterre, le corps législatif ne sera pas
nommé par le peuple, au milieu de cette agitation salutaire, qui ne tend qu'à affermir
l'autorité du chef, en formant une double
puissance, composée de propriétaires attachés au sol, puissance sainte et sacrée qui, ci-
mentée par la vraie liberté, ôte toute tentation
de l'envier ou de la détruire !

Que veulent donc ces hommes qu'aucun état
de choses ne peut contenter ? Il seroit bien
facile de tracer ici le tableau de leur impéritie
et de leurs crimes, et d'opposer ce même tableau à celui qui présente le monde entier pacifié et la France rendue à l'agriculture, au
commerce, aux arts et à la tranquillité ; mais
on doit oublier les maux, pour ne s'occuper
que des remèdes.

Les hommes qui ont pris part aux affaires
pendant les dix années qui ont précédé le 18

brumaire, se divisent en deux classes (16). La première est composée de ceux qui ne se sont jamais écartés des lois de l'honneur et de la probité. Dans ce mouvement terrible, au milieu de cet ouragan qui entraînoit tout, quelques-unes de leurs paroles ne doivent pas leur être imputées à crime. Ils ne les prononçoient que pour avoir le droit d'en proférer d'autres en faveur de la raison et de l'humanité. Eh bien, vous les voyez! ils remplissent les premières places civiles de l'Etat ; et, à quelques exceptions près (17), ils sont attachés de cœur

---

(16) On voit bien qu'il n'est ici question que des hommes civils. Les hommes qui ont délivré notre patrie du joug étranger, et qui ont étendu si loin nos conquêtes, forment une classe à part, dont la gloire parviendra brillante et pure jusqu'à la dernière postérité.

(17) Je dois m'expliquer sur ces exceptions. J'entends parler ici d'un très-petit nombre de philosophes et d'hommes de lettres, qui ayant avancé que nous devions avoir une démocratie, sans trop savoir où et comment la poser, voudroient, après dix ans, renouveler leurs essais infructueux, et replacer la France sur un chevalet, pour la disséquer jusqu'à extinction de vie et de chaleur.

au Gouvernement concentré et fort, dont ils sentent enfin toute la nécessité.

La seconde classe renferme ces hommes tur- bulens ou atroces qui, dépourvus de toute éducation libérale, et parvenus du sein de la bassesse et de l'impuissance à un pouvoir extrême et désordonné, prenoient pour la science du gouvernement, la basse envie qui les ani- moit contre les rois, les prêtres et les riches de tous les pays.

Ces hommes qui ne peuvent dominer que dans des temps d'anarchie, parce que cet état de choses n'a besoin que d'ignorance et de férocité; ces hommes qui, en soulevant la plus vile et la plus atroce canaille, sont venus à bout d'organiser en France une (18) proscription

---

(18) Les proscriptions militairement exécutées paroissent une suite de l'aveugle droit de la guerre, qui frappe et détruit sans écouter la plainte, et sans permettre la réflexion. En France, c'a été avec les formes de la justice, que des gens qui se di- soient les représentans du peuple, arrivoient dans les villes, investis de tous les pouvoirs destruc- teurs, et y formoient des tribunaux de mort. D'audacieux scélérats, travestis en juges, citoient devant eux les plus honnêtes gens de la contrée, prononçoient des jugemens solemnels, tenoient

mille fois plus terrible et plus odieuse que les proscriptions de Sylla, de Marius ; et, après la mort de César, de l'inflexible triumvirat.

Ces hommes qui, à l'époque du 18 brumaire, avoient fait donner la loi des ôtages et celle de l'emprunt forcé ; qui disoient la patrie en danger, pour la replonger de nouveau dans l'anarchie, et qui vouloient voiler le glaive de la justice, pour y substituer les haches sanglantes de leurs bourreaux.

Les hommes que je viens de désigner, ne se corrigeront point : un jour pur les offusque : semblables à ces oiseaux féroces et lugubres, sans cesse ils demanderont la nuit pour fondre sur leur proie. Ils ne pardonneront jamais à

---

des audiences publiques, et avoient un greffier pour tenir registre de leurs assassinats. J'ai vu des vierges timides et des épouses chastes, revenir vertueusement souillées des brutales caresses de ces monstres vomis par l'enfer, et tomber pâmées d'attendrissement, de honte et de douleur aux pieds de leurs pères et de leurs époux. Je l'ai vu, et j'ai maudit mon existence placée dans de si horribles jours.

Une proscription ainsi organisée, est sans exemple dans l'histoire, et ce hideux spectacle ne se renouvellera jamais.

celui qui les a mis dans l'impossibilité de nuire, et qui les a fait rentrer dans le néant dont, pour l'honneur de l'humanité, ils n'auroient jamais dû sortir.

Quelques-uns blessent encore nos regards, j'en conviens ; mais la France plus salie par eux que ne le furent jadis les écuries d'Augias, attend du nouvel Hercule l'achèvement de ses travaux.

Il résulte, Monsieur, de tout ce que je viens de dire : que la véritable philosophie, loin d'avoir reçu aucun outrage dans le nouvel ordre qui s'établit au milieu de nous, est respectée dans ses principes fondamentaux, applicables aux institutions qui peuvent nous convenir.

Ce n'est même que d'aujourd'hui, et grâce à la position du chef qui ne doit pas cesser de nous gouverner, que les véritables maximes de la philosophie et de la sagesse peuvent recevoir une utile application.

Dans un gouvernement établi et reconnu sans contradiction, cette application se fait sans danger, parce qu'il y a un régulateur qui, comme Trajan et Marc-Aurèle, a un grand intérêt à l'utilité et à la gloire commune, et ne suit qu'une route pour y parvenir. Mais, lorsque chez une grande nation corrompue, où le point

de ralliement est détruit , vingt partis pré-
tendent la conduire à la félicité par les routes
diverses qui conviennent à leur vanité ou à leurs
intérêts : malheur à ce peuple ! Il croira à l'éga-
lité phisique des biens , et la misère et la famine le dévoreront. Les insensés qui s'agiteront
pour le gouverner , seront eux-mêmes les
tristes victimes de leur vanité et de leurs erreurs. La discorde s'établira au milieu d'eux ;
ils deviendront le scandale du monde et le fléau
de leur pays. Chaque jour verra détruire l'ouvrage du jour qui l'aura précédé. Ils se croi-
ront de grands hommes , parce qu'ils auront
retenu quelques phrases contre Dieu et contre
les rois. La voix de quelques tyrans féroces
sera seule écoutée ; la hache des boureaux ne
se reposera plus , et Marat sera placé au Pan-
théon.

Lorsque , ce qui est le comble des maux , le
pouvoir exécutif est devenu l'esclave d'une
grande assemblée , et n'agit plus que par ses
ordres et par sa volonté, ainsi que cela eut lieu
en France, après la séance royale du 23 juin
1789 : alors les philosophes qui savent parler
et écrire , prouvent très-bien : que la féodalité dégradante pour le peuple chez lequel elle
est établie, ne permet pas au chef d'être le père

commun, et sera, par cette raison, toujours contraire au bien général, que les lois doivent seul considérer.

Ils prouvent tout aussi facilement les abus de la discipline du clergé et de la distribution de ses biens.

Ils n'ont aucune peine à nous convaincre : que le roi doit être le roi de tous, et que tous ses sujets doivent être admis à le servir dans ses armées et dans ses conseils.

Mais pour faire ces utiles réformes, une autorité oratoire ne suffit pas; il faut une main puissante capable de tout diriger, et qui commande avec la même force à l'opposition qui veut tout garder, et à la jalousie populaire; toujours prête à tout envahir.

Lorsqu'on n'a rien à sa disposition, que des discours moraux et des vérités théoriques, qu'arrive-t-il ?

Les factieux, qu'on ne comprime jamais avec des paroles, renversent tout, pour se rendre maîtres de l'autorité.

A l'ancien gouvernement monarchique, qu'on ne vouloit que corriger, on substitue les principes d'une démocratie impraticable et absurde, et le peuple est gouverné par des tyrans despotiques ou insensés.

Ou vouloit rendre les autels plus respectables, on les renverse et on les baise tous ; et dans la partie du monde la plus éclairée, en Europe, un peuple, seul entre tous les peuples, n'a plus de temples où Dieu soit publiquement adoré.

Nous avons éprouvé tous ces maux, et nous avons été les témoins de tous ces scandales. Eh pourquoi ? On ne sauroit trop le répéter :

Parce qu'on avoit besoin, à cette époque difficile, non d'un chef prisonnier et dépendant d'une assemblée, mais d'un chef libre, puissant, et doué de la raison et des talens qu'exigeoit le danger des circonstances et leur gravité.

Si des hommes, qu'il n'a connu que trop tard, ont mis le dernier chef de notre monarchie dans l'impuissance de conserver et de réformer ; remercions le ciel de nous avoir donné un chef nouveau, qui répare les fautes du malheur et de la foiblesse, et qui reconstruit habilement les parties de l'édifice qu'il falloit laisser debout.

Il y aura long-temps encore des jaloux et des mécontens. Il y a une classe d'hommes accoutumés à une autorité désordonnée, qui ne pardonnera jamais à une puissance, amie de l'ordre et de la vraie liberté.

Vous conviendrez cependant qu'il est curieux d'entendre parler de sûreté publique à ceux qui décrétoient la loi des ôtages ; et de finance, aux insensés qui avoient imaginé l'emprunt forcé, et qui, à l'époque du 18 brumaire, mettoient cas deux lois à exécution.

Vous n'exigerez pas, Monsieur, que toutes les réformes dans les choses et dans les hommes s'opèrent à la fois. En administration, les ouvrages accélérés ne sont pas ordinairement les meilleurs. Vous attendrez patiemment l'œuvre de la sagesse, préparée par la maturité des conseils. Nous n'imiterez pas M. Necker, qui a fait de très-gros livres, pour annoncer que les constitutions qui se sont succédées en France, ne dureroient pas. Il vient de faire un examen profond de la constitution du 18 brumaire. Lorsque son énorme volume est arrivé en France, la plus grande partie des choses qu'il blâmoit avoit cessé d'exister. Il annonce ce qui sera, d'après ce qui est ; mais son imprévoyance et ses erreurs ôtent toute vertu à ses paroles. Cet illustre prophète n'a donc été lu que par ceux qui aiment les paroles inutiles et redondantes, et qui ont beaucoup de loisir.

La philosophie, Monsieur, s'applique à tous les gouvernemens, et si vous approfondissez les diverses époques de l'histoire, vou verrez qu'elle est appliquée avec moins de contradiction et plus de fruit par Marc-Aurèle, que par le gouvernement populaire d'Athènes, devenue si souvent la proie de ses ennemis, et que par le gouvernement aristocratique de Rome, qui, pour la gloire de quelques hommes, fouloit et tyrannisoit tout l'univers.

Que ceux qui, pour nous rendre philosophes, vouloient un gouvernement démocratique, et inapplicable à notre sol et à nos mœurs, reviennent enfin d'une erreur que nous avons si chèrement payée.

Qu'ils tournent leurs regards sur les dix premières années de notre révolution.

Qu'ils réfléchissent à tous leurs essais toujours infructueux et toujours sanglans.

Qu'ils se rappellent les hommes auxquels, contre l'intime conviction de leur conscience, ils ont prodigué les épithètes de mauvais citoyens et de brigands.

Qu'ils mettent en parallèle les hommes de boue et de sang qu'ils enivroient de puissance, et qu'ils n'ont cessé de louer jusques au moment où ces misérables, sans frein comme ans pudeur, se jouèrent enfin de la vie de leurs adulateurs, comme de celle de leurs ennemis.

Quoi ! ceux dont les mains tremblantes ont pressé les sanglantes mains de nos bourreaux, repousseroient la main qui a pacifié le monde et délivré notre patrie d'un joug imposé par l'ignorance et par la férocité !

Oui, Monsieur, c'est par lui et par lui seul que nous pouvons adorer publiquement le dieu de nos pères, et respecter un chef légitime et nécessaire protecteur de nos familles et de nos propriétés.

Ces regrets pour des opinions spéculatives, impossibles à réaliser, doivent avoir un terme; le moment de la réunion est arrivé.

Que tous les talens soient employés à seconder les travaux bienfaisans de celui qui s'est chargé de nos destinées; et la France toute entière en bénira l'heureuse application. Alors la philosophie de quelques hommes justement célèbres dans les lettres ne sera plus attaquée; ils auront celle de Montesquieu, de J.-J. Rousseau et de tous les grands esprits qui ont écrit sur l'administration des Etats.

Que ces hommes comprennent enfin que le flambeau qu'ils agitent ne donnera qu'une lumière dangereuse et funeste, et qu'il s'éteindra même dans les larmes et dans le sang, s'il n'est soutenu par une main habile et puissante, qui donne à ses diverses branches leur véritable direction.

Voilà, Monsieur, quelles sont mes pensées sur les rapports de la philosophie avec notre gouvernement. La philosophie ne peut être autre chose que la sagesse modifiée selon les temps et selon les lieux. J'apperçois dans tout ce qui se fait, l'hommage qui lui est rendu.

Ceux qui aimeroient à trouver dans l'auteur de cette lettre, un homme chargé des bien-faits du Gouvernement, et un flatteur inté-ressé, seront trompés dans leur attente. Je ne dois à celui dont je parle, que la recon-noissance commune. Tous, nous lui sommes redevables de notre dignité civile, si long-temps avilie par d'ineptes et d'audacieux tyrans; mais étranger à son palais, je ne lui ai aucune obli-gation personnelle, et l'ambition ne m'a jamais détourné d'un travail utile dans l'exercice ho-norable de ma profession.

Je vous salue,

GRANIÉ, *Jurisconsulte.*